AF552999

कार्टूनों में गांधी

1
···पता लगाना मुश्किल है कि असली कांग्रेस कौन सी है···
VOTE
VOTE
VOTE BJP
VOTE
VOTE
VOTE
'GANDHI' :- आंधी -
तब और अब
THEN
अहिंसा
AHIMSA
सत्य
SATYA

कार्टूनों में गांधी

शिवानंद कामड़े

सत्साहित्य प्रकाशन, दिल्ली

प्रकाशक : **सत्साहित्य प्रकाशन**

694–ए, (पहली मंजिल) चावड़ी बाजार, दिल्ली–110006
 / संस्करण : 2025 / मूल्य : चार सौ रुपए

मुद्रक : नरुला प्रिंटर्स, दिल्ली ISBN 978-81-7721-316-4

CARTOONON MEIN GANDHI

by Shri Shivanand Kamade ₹ 400.00

Published by **SATSAHITYA PRAKASHAN**

694-A, (First Floor) Chawri Bazar, Delhi-110006

लेखकीय

महात्मा गांधी विश्व की एक महानतम हस्ती। भगवान् के लिए इनसान और इनसान के लिए भगवान् के रूप में लोग इसकी पूजा-आरती करते हैं। हाथ में लाठी लिये चलने की मुद्रा में निर्मित इस मूर्ति की स्थापना, बापू के देहावसान के दो दिन के बाद ही कर दी गई थी। तब यह मूर्ति इस मंदिर में न होकर कहीं और स्थापित की गई थी। पचपन वर्ष हो गए इस महापुरुष को देवत्व प्राप्त हुए।

गांधीजी को देवत्व का दर्जा इसलिए नहीं मिला कि वे कोई चमत्कारी पुरुष थे बल्कि इसलिए मिला, क्योंकि वे जीवन के प्रति संघर्ष करनेवाले एक अद्वितीय योद्धा थे। सत्य के पक्षधर थे। अहिंसा के पुजारी थे तथा आत्मविश्वास के प्रति उनकी गहरी आस्था थी।

* दि हितवाद (२ अप्रैल, २००३) में प्रकाशित समाचार के आधार पर।

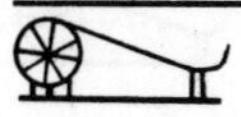

वास्तव में देखा जाए तो गांधी एक नाम नहीं, अपितु एक संपूर्ण विचारधारा का द्योतक है। एक अलीक योद्धा थे वे। जो सदा लीक से हटकर चले। गृहस्थ होकर भी वीतरागी। फक्कड़पन तो उनका हद दर्जे का। उनका यह फक्कड़पन कभी कबीर की याद दिलाता है तो कभी मंसूर की। उनकी सत्यनिष्ठा उन्हें सुकरात या राजा हरिश्चंद्र के समक्ष ले जाती है। बाहर से देखने में जितना सहज, भीतर से उतने ही रहस्यवादी।

उनकी मृत्यु के पश्चात् आइंस्टीन ने कहा भी था, ''अगली पुश्तों को विश्वास भी नहीं होगा कि ऐसा भी कोई पुरुष हाड़-मांस के रूप में इस पृथ्वी पर रहा होगा।''

बापू शुरू से ही प्रयोगधर्मी रहे। सत्य, अहिंसा, उपवास, पदयात्रा, दृढ़ निश्चयता के बलबूते पर उन्होंने बड़ी-बड़ी लड़ाइयाँ लड़ीं। यही उनके प्रमुख अस्त्र थे। गांधीजी को लेकर अब तक न जाने कितनी पुस्तकें लिखी जा चुकी हैं—उनके जीवन पर केंद्रित। उनकी प्रयोगधर्मिता को लेकर देश-विदेश के विज्ञ रचनाकारों ने इन पर बहुत काम किया, जैसे—एलीनर मार्टिन की 'द विमेन इन गांधीजीस लाइफ', पोलक की 'महात्मा गांधी विसेंट शीन की लीड काइंडली लाइट', जिनेट इंटन की 'गांधी फाइटर विदाउट ए स्वोर्ड', ज्योक्रे एश की 'गांधी हाफ वे टू फ्रीडम'।

भारतीय रचनाकारों ने भी गांधी पर अनेक अमूल्य कृतियाँ दी हैं। एम. चेलापति राव की 'गांधी एंड नेहरू', मीरा बेन की 'दि स्प्रिट्स पिलग्रिमेज जरनल', एफ.पी. क्रोजियर की 'ए वर्ड टू गांधी', महादेव देसाई की 'दि एपिक ऑफ ट्रावनकोर' तथा 'गांधीजी इन इंडियन विलेजेज', प्रफुल्लचंद्र घोष कृत 'महात्मा गांधी', निर्मल बोस की 'माई डेज विथ गांधीजी'।

नव जीवन ट्रस्ट ने बापू के पत्रों का संकलन दस खंडों में छापा। सस्ता साहित्य मंडल से गांधीजी की पुरानी चिट्ठियों का संग्रह छपा। डॉ. सुशीला नायर ने 'बापू की कारावास कहानी' लिखी तो यशपाल जैन ने 'साबरमती का संत' रचा। 'महादेव की डायरी' के नाम से सन् १९१७ से १९४२ तक की कालावधि में बापू के भाषण, पत्र-व्यवहार, वार्त्तालाप आदि पर आधारित

दस खंडों की एक विस्तृत श्रृंखला वाराणसी के सर्व सेवा संघ से हिंदी और अंग्रेजी में प्रकाशित हुई। इसमें भाग छह से नौ तक की सामग्री का प्रकाशन गुजराती में भी हुआ। दक्षिण अफ्रीका में गांधीजी के संघर्ष की गाथा को केंद्रित कर डॉ. गिरिराज किशोर ने एक वृहद उपन्यास लिखा—'पहला गिरमिटिया'। उपन्यासकार ने गांधीजी की विभिन्न गतिविधियों को, जो उन्होंने दक्षिण अफ्रीका में संवाहित की, ९०४ पृष्ठों में समेटने की चेष्टा की। गांधीजी के जीवन-चरित को के.एम. एडिमूलम ने अपनी पुस्तक 'बिटविन द लाइंस' में रेखांकित करने का प्रयास किया। गांधीजी के व्यक्तित्व एवं उनके विभिन्न क्रिया-कलापों को सर्वप्रथम सन् १९५३ में रेखांकित किया गया। मूरे ने भी 'द स्टोरी ऑफ हिज लाइफ' में गांधी पर अनेक रेखाचित्र तैयार किए। उन दिनों के छाया चित्रकारों ने भी गांधीजी की तस्वीर उतारने में भरपूर रुचि दिखाई थी।

अपनी सहजता व सरलता की वजह से देश-विदेश के व्यंग्य चित्रकारों का ध्यान बापू ने स्वाभाविक रूप से खींचा। बल्कि यूँ कहे कि व्यंग्य चित्रकार ही इनकी ओर खिंचे चले आए। स्वयं बापू ने अपने व्यंग्य चित्रों में गहरी रुचि दिखाई। गांधीजी पर केंद्रित व्यंग्य चित्रों का संकलन सहज नजर नहीं आता। हिंदी में तो खैर ऐसा कोई संकलन है ही नहीं। कभी-कभार पत्र-पत्रिकाओं में गांधीजी पर कुछ व्यंग्य चित्र जरूर प्रकाशित हुए या किसी-किसी व्यंग्य चित्रकार के व्यंग्य चित्र संकलन में दो एक व्यंग्य चित्र गांधी के भी संकलित किए गए बस। अत: यह संकलन व्यापक रूप में इस दिशा में किया गया पहला प्रयास कहें तो कोई अतिशयोक्ति न होगी।

गुलामी के दिनों में गांधीजी यद्यपि चिंतित व दु:खी थे, किंतु आजादी के बाद बापू पहले की अपेक्षा कहीं अधिक तनावग्रस्त दिखे। २९ जनवरी को तो वे बड़े चिंतित लग रहे थे। करीब सवा नौ बजे वे सोने के लिए उद्यत हुए और फिर मनु ने कहा—

"है बहारे बाग दुनिया चंद रोज
देख तो इसका तमाशा चंद रोज"

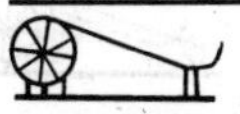

और फिर आई ३० जनवरी। सुबह से मौसम कुछ म्लान सा लग रहा था। दोपहर बाद वे बिशन से बोले, "बिशन, मेरी महत्त्वपूर्ण चिट्ठियाँ ले आ। मुझे उनके जवाब आज ही दे देने चाहिए…शायद कल मैं रहूँ ही नहीं।"

शाम साढ़े चार बजे का समय। बापू बिड़ला हाऊस से प्रार्थना के लिए निकले कि भीड़ चीरता हुआ कोई सख्श सीधे बापू के पास आकर खड़ा हो गया। युग प्रवर्तक को उसने नमन किया और फिर दनादन गोलियों की तीन आवाजें…

"हे राम!" बापू के श्रीमुख से बस यही शब्द अंतिम शब्द के रूप में प्रस्फुटित हुए थे। कोई पचपन साल हो गए इस शब्द को उच्चारित हुए। यदि आज बापू जिंदा होते तो यह शब्द दिन में कितनी बार कहते। परिस्थितियाँ ही कुछ ऐसी हो गई हैं। गनीमत कहो कि बापू इन सब स्वातंत्र्योत्तर गतिविधियों को देखने के लिए अधिक दिन नहीं रहे वरना वे स्वयं को गोली मार डालते।

गांधी पर बनाए गए इन व्यंग्य चित्रों की तलाश में बरसों से भटक रहा हूँ। यह संकलन तो एक पड़ाव मात्र है। यात्रा अभी और भी है। जिन कार्टूनिस्टों की रचनाएँ यहाँ प्रस्तुत हुई हैं, उनके लिए मैं उनका आभारी हूँ। बापू का भी बहुत-बहुत धन्यवाद। और अंत में चलकर उस सर्वशक्तिमान का भी, जिन्होंने कार्टूनिस्टों के लिए बापू को भेजा। खादी के डायमंड जुबली के इस हीरक वर्ष में यह कृति बापू को विनम्र रेखांजलि के रूप में। शायद इसी बहाने हम और आप बापू की याद ताजा कर लें। यह पुस्तक इसी निमित्त स्वरूप।

—शिवानंद कामड़े

३० जनवरी, २००५

एफ-२/१५, पाँच बिल्डिंग
दुर्ग (छत्तीसगढ़)-४९१००१

अनुक्रम

१
गांधीजी
विदेशी कार्टूनिस्टों की दृष्टि में

गांधीजी : विदेशी कार्टूनिस्टों की दृष्टि में

दक्षिण अफ्रीका में महात्मा गांधीजी ने हिंदुस्तानियों पर किए जानेवाले अत्याचारों के प्रतिरोध में तात्कालिक अंग्रेजी शासकों से जमकर लोहा लिया। 'संडे टाइम्स' का संपादक भले ही भारतीयों के विरुद्ध कुछ भी लिखता, छापता रहे, किंतु इस अखबार के व्यंग्य चित्रकार ने गांधी के संघर्ष का अत्यंत सजीव व्यंग्य रेखांकन किया। 'संडे टाइम्स'[१] (१९०८) में ऐसा ही एक सटीक व्यंग्य चित्र का प्रकाशन कर हमारा ध्यान अपनी ओर आकर्षित किया है।

चित्र-१

इस व्यंग्य चित्र में गांधीजी को एक महावत के रूप में तथा भारतीय समुदाय को एक विशाल शक्तिशाली हाथी के रूप में चित्रित करते हुए व्यंग्य चित्रकार ने बताया कि किस प्रकार जनरल स्मट्स[२] सड़क बनानेवाले बेलन के द्वारा इस हाथी को धकेलने की पुरजोर कोशिश कर रहा है, किंतु हाथी को परे धकेलने में वह सफल नहीं हो पा रहा है। अपनी असफलता से स्मट्स

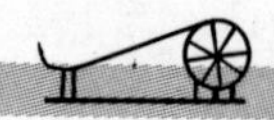

परेशान नजर आ रहा है। इस व्यंग्य चित्र का शीर्षक बेलन और हाथी रखा गया है।

बेलन की ठेस से हाथी को गुदगुदी सी हो रही है, वह मन-ही-मन हँसते हुए कह रहा है—

"देख लिया अब तेरा बल, गुदगुदी करना रहन दे। कार्टूनिस्ट ने इस व्यंग्य चित्र में जहाँ भारतीय जनता की ताकत की प्रत्यक्ष प्रशंसा की वहीं उसने जनरल स्मट्स की असफलता की खिल्ली भी उड़ाई।"

सन् १९०८ में 'रैंडी मेल'[३] में व्यंग्य चित्रकार ए. विल ने गांधी के आत्मबलिदान की भूरि-भूरि प्रशंसा की। इस चित्र में गांधीजी को पादरी के वेश में दरशाया गया है। जनरल स्मट्स ने उसे खंभे से बाँधकर उसके चारों ओर घास-फूस का ढेर लगा रखा है। पास में ही तीन कनस्तर, जिनमें ज्वलनशील तरल पदार्थ रखे हैं, दिखाए गए हैं। एक में लिखा है एशियाट का पंजीयन कानून। दूसरे में परमिट कानून तथा तीसरे में प्रवासी कानून। श्री स्मट्स के हाथ में जलती मशाल है। आत्मविश्वास से भरे गांधीजी अभी भी मंद-मंद मुसकरा रहे हैं और मन-ही-मन मानो कह रहे हैं—

---

१. जोहांसबर्ग के प्रति रविवार को प्रकाशित होनेवाला एक लोकप्रिय साप्ताहिक।

२. प्रिटोनिया निवासी जॉन क्रिश्चियन स्मट्स : उपनिवेश सचिव।

३. जोहांसबर्ग का एक दैनिक पत्र।

"लगता तो बड़ा खूँखार, स्मट्स पीठ फेरे खड़ा है। उसकी हिम्मत नहीं है कि पुआल में आग लगा दे।"

चित्र-२

जिस बेलन से स्मट्स भारतीय कौम रूपी हाथी को धक्के मारने की चेष्टा कर रहा था, वही बेलन चकनाचूर होकर बिखर गया। महावत के रूप में गांधीजी स्मट्स को चिढ़ाते हुए कह रहे हैं—कह गई न नाक इतनी लंबी।

कहिए, हैं तो आप सब मजे में! कितना करारा व्यंग्य!

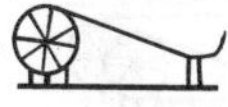

चित्र–३

क्रिटिक में ऐसा ही एक और व्यंग्य चित्र छपा, जिसमें हाथी पर सवार गांधीजी अपनी दसों अँगुलियों को नाक पर रखकर एक और कटाक्ष कर रहे हैं—"चख लिया दस अँगुलियों की छाप का स्वाद।" उन दिनों देश–विदेश में दस अँगुलियों की छाप की बड़ी चर्चा थी। इसकी पृष्ठभूमि कुछ इस प्रकार से है—स्वेच्छया पंजीयन में शिक्षितों को अंग्रेज अधिकारियों ने भारतीय अधिकारी व व्यापारियों को दस्तावेजों में हस्ताक्षर करने की अपेक्षा दस अँगुलियों की छाप लगाने को कहा। जो शिक्षित भारतीय अधिकारियों एवं व्यापारियों के लिए सरासर अपमान की बात थी। सो, उन्होंने ऐसा करने से साफ मना कर दिया। खूब हो–हल्ला हुआ। यहाँ तक कि गुजराती भाषा में गीत तक बन गए—

दस आंगलियो तणी निशानी
दीये मुँछ नूं जाशे पाणी

चित्र-४

जब गांधीजी ने दस अँगुलियों की छाप लगाने की जगह हस्ताक्षर प्रयुक्त किया तब उपनिवेश सचिव महोदय यह देख हतप्रभ रह गए। 'रैंड डेली मेल' में बनाना बिल के नाम से एक व्यंग्य चित्र प्रकाशित हुआ।

सन् १९११ में भारतीय सत्याग्रहियों के सम्मान में एक शाकाहारी भोज का आयोजन किया गया, जिसमें श्री विलियम हास्केन ने केला खाया तथा कानून भंग करनेवालों के पक्ष में एक जोरदार जोशीला भाषण दिया। इस संदर्भ को व्यंग्य चित्रकार ने अपने चित्र में खूब उकेरा।

चित्र–५

एक और समकालीन व्यंग्य चित्र देखिए, जिसमें कार्टूनिस्ट ने विलियम हास्केन के नाम जी (JEE) और आस्केन के बाद धी (DHI) जोड़कर उसका मखौल उड़ाने में कहीं कोई कसर नहीं छोड़ी। यहाँ हास्केन को गांधी वेश में उपस्थित किया गया।

चित्र–६

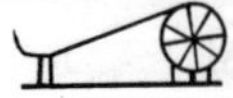

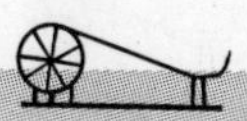

चित्र-७

चित्र-७ में व्यंग्य चित्रकार ने वाणिज्य की बरबादी में जिन-जिन लोगों ने सहयोग दिया उसका सुंदर चित्रण किया। दक्षिण अफ्रीका की भूमि पर वाणिज्य बिल रूपी पच्चड़ को सब ठोंक रहे हैं। इस व्यंग्य चित्र का प्रकाशन 'संडे टाइम्स' में हुआ।

चित्र-८

'रैंडी मेल' में कार्टूनिस्ट डब्ल्यू.एल. का यह व्यंग्य चित्र भी व्यंग्य चित्रकारिता का एक उम्दा उदाहरण बन पड़ा है। इसमें गांधी को सत्याग्रही और स्मट्स को डाकू के रूप में दिखाया गया। दोनों के बीच वार्त्तालाप चल रहा है—

डाकू (स्मट्स) : ''मरने के लिए तैयार हो जा।''

सत्याग्रही (गांधी) : ''हाँ भइया स्मट्स, मैं तैयार हूँ। कृपा कर कोई कसर बाकी न रखें।''

डाकू : ''भले मानुस यह न कह। यह कमबख्त चलती ही नहीं।''

चित्र-९

क्रिटिक में एक व्यंग्य चित्र प्रकाशित हुआ। इसमें युवा गांधी हाथ में तख्ती लिये खड़े हैं, जिस पर लिखा है—देश निकाला देने का अधिकार नहीं। इस तख्ती को देख अंग्रेज शासक भाग खड़े हुए हैं।

अंग्रेज यह जानते थे कि भारतीयों को देश निकाला नहीं दिया जा सकता। पर इसका विद्रोह केवल गांधीजी ही कर पाए थे।

गांधीजी ने अंग्रेजी शासक की हर दमन नीति का पुरजोर विरोध किया, जिसका उल्लेख वहाँ के अखबारों में भी समय-समय पर होता रहता था। 'संडे टाइम्स' में प्रकाशित चित्र में श्री गांधी का स्वप्न शीर्षक में स्मट्स और कानून पर टिप्पणी प्रस्तुत हुई है। मेज पर कुहनी टिकाए स्मट्स चिंतामग्न हो सोच रहे हैं—

रजिस्ट्रेशन भारी कजा
रेजिस्टेंस है उससे बड़ी
सी.बी. बुड्ढा तंग किए है
गांधी ने पागल बना दिया।

(सी.बी. यानी कैंबेल बेनरमेन—ये इंग्लैंड के प्रधानमंत्री थे)

(टिप्पणी : यह व्यंग्य चित्र उपलब्ध नहीं हो पाया।)

आइए देखें, अब एक करुणाजनक व्यंग्य चित्र।

इसमें गांधीजी को नुकीला कवच पहने हुए दिखाया गया है। कवच में लिखा है—

मुझे छुइए मत।

मैं हूँ आपका दीन।

—पैसिवली गांधी

चित्र-१०

चित्र-११

गांधी और स्मट्स के बीच सदैव नोक-झोंक चलती ही रहती। उन दिनों गांधी तथा अन्य रिहायशी भारतीयों को हर कदम पर संघर्ष करना पड़ रहा था। व्यंग्य चित्रकार ने यहाँ गांधी को एक मदारी के रूप में तथा जनरल को बंदर के रूप में दरशाया। दोनों के बीच हुए संवाद की एक बानगी—

जनरल : "मियाँ मदारी! चलते बनो। हम तुमसे और तुम्हारे बाजे से तंग आ चुके हैं।"

गांधी : "और हुजूर, मुझे क्या देंगे, यदि मैं चलता बनूँ?"

जनरल : "दूँगा, जरूर दूँगा। अगर तुम यहाँ से चलते न बनो।"

चित्र–१२

गांधीजी सत्याग्रही के रूप में जब फोक्सरस्ट जेल में बंदी थे तब वहाँ पर उन्होंने भरतीय बंदियों को दिए जानेवाले भोजन के प्रति अंग्रेज जेलरों के सौतेले व्यवहार को लेकर भी विरोध किया था। भारतीय सत्याग्रहियों को दिए जानेवाले भोजन में चिकनाई का अभाव होता। यूरोपियन कैदियों को मांस दिया जाता, जबकि भारतीय कैदियों को पू पू (मकई की दलिया), सब्जी व चावल भर मिलता। व्यंग्य चित्रकार ने गांधी को अधिकार के प्रति जागरूक रहने एवं विषम परिस्थितियों में भी हास–परिहास की प्रवृत्ति कायम रखने की सुप्रवृत्ति को उजागर करने की चेष्टा की।

चित्र-१३

स्वतंत्रता-प्राप्ति के लिए देश-विदेश में गांधीजी ने जो संघर्ष किया, वह न केवल अनुकरणीय बना, अपितु अपनी सहजता, सादगी, सत्यनिष्ठा व देशभक्ति से लोगों का हृदय जीत लिया। गांधीजी का व्यक्तित्व इतना प्रभामंडलीय था कि विदेशी व्यंग्य चित्रकार भी उनके चुंबकीय व्यक्तित्व के आकर्षण से बच न सके।

चित्र-१४

१२ मार्च, १९३० की सुबह साढ़े छह बजे साबरमती आश्रम से दांडी यात्रा प्रारंभ कर अरेबियन सागर तक (२४० मील) जाने का विचार कर नमक सत्याग्रह के लिए निकल पड़े, साथ में थे उनके अठहत्तर कार्यकर्ता तथा अनगिनत भीड़। जेक (Czech) का यह व्यंग्य चित्र (चित्र-१४) अत्यंत दुर्लभ है।

चित्र-१५

गांधीजी को बकरी का ही दूध पसंद था। वह भी काली बकरी का। इंग्लैंड गए तो वहाँ भी उन्होंने काली बकरी का ही दूध लिया। इसके लिए उन्हें काफी जद्दोजहद करनी पड़ी थी। उनके इस 'स्वभाव' को 'डेली मेल' के कार्टूनिस्ट ने अभिव्यक्त किया।

चित्र-१६

देश का संपूर्ण भार गांधीजी ने अपने कंधे पर ले लिया था। वे गोलमेज परिषद् के खोखलेपन से बेहद दुःखी थे, इसी से 'भारत' का भार वे स्वयं अपने कंधे पर उठाना चाहते थे। माल (Mall) ने तब यह व्यंग्य चित्र बनाया, जो फ्री प्रेस जनरल में प्रकाशित हुआ था।

चित्र-१७

चित्र-१८

चित्र-१९

चित्र-२०

२

गांधीजी : भारतीय व्यंग्य चित्रकारों के सर्वाधिक पसंदीदा नायक

गांधीजी : भारतीय व्यंग्य चित्रकारों के सर्वाधिक पसंदीदा नायक

भारतीय व्यंग्य चित्रकला के पितामह कहे जानेवाले केशव शंकर पिल्लै ने स्वतंत्रता के पूर्व एवं पश्चात् गांधीजी के विविध स्वरूपों का सजीव चित्रण किया। उनकी एक प्रसिद्ध कृति।

संदर्भ : इंडियंस कार्टून चित्र-1

चित्र-१

चित्र-२

गांधी को देश के नेताओं ने अपने-अपने ढंग से टटोला—अबु की यह कृति आज भी अपनी प्रासंगिकता बनाए हुई है।

चित्र-३

वर्मा ने गांधी को मिक्की माऊस के रूप में आँका।

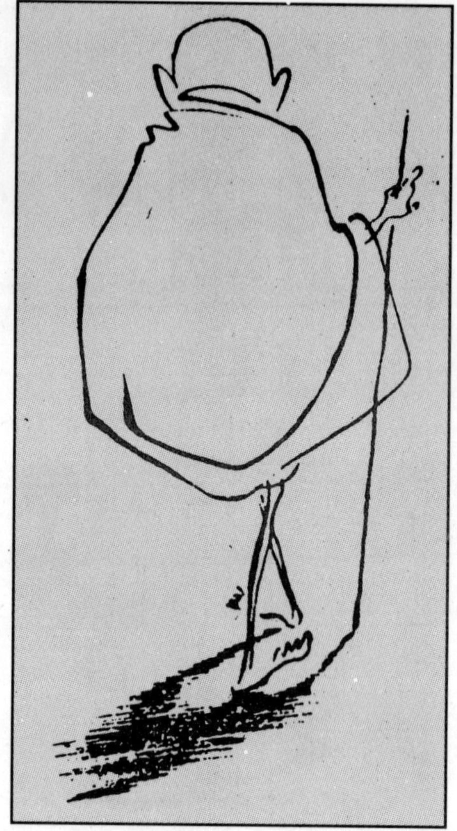

चित्र-४

...तो कुट्टी ने गांधी की सादगी को व्यंग्य चित्र में उठाया।

चित्र-५

अहमद ने स्वतंत्रता-प्राप्ति के पश्चात् गांधीजी के अकेलेपन की पीड़ा को बेहद संजीदगी के साथ चित्रित किया।

केशव शंकर ने गांधी को चिंतनीय मुद्रा में प्रस्तुत किया।

चित्र-६

गांधीजी के संबंध में विदेशी राजनयिकों के साथ किस तरह से रहे। इसका चित्रण हमारे भारतीय व्यंग्य चित्रकारों ने बखूबी किया। लार्ड लिनलिथिगो तथा गांधीजी को शतरंज खेलते हुए दिखाया गया है। प्रसिद्ध व्यंग्य चित्रकार वासु ने अपने इस चित्र में बताया कि गांधीजी की चतुराई चाल से लार्ड लिनलिथिगो किस प्रकार भौंचक्के रह गए हैं।

चित्र-७

ऐसे ही कुछ और चालाकी भरे दाँव-पेंच क्रिप्स तथा अन्य वायसरायों के साथ खेलते रहे—शंकर के कुछ व्यंग्य चित्र द्रष्टव्य।

चित्र-८

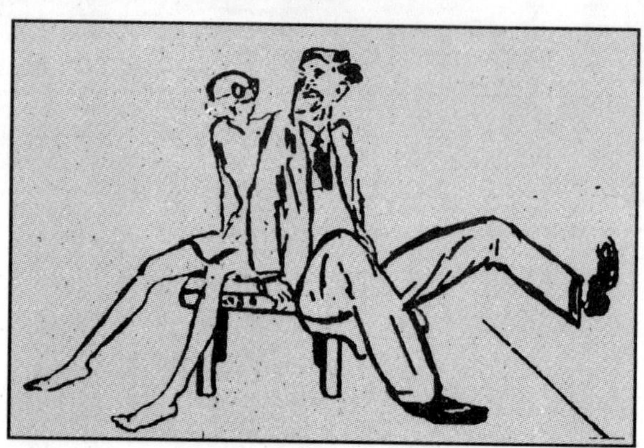

चित्र-९

व्यंग्य चित्र अखबार की आत्मा होती है (हालाँकि आज के इस व्यावसायिक युग में विज्ञापन को अखबार का प्राणदायिनी कहा जा रहा है, जो कि काफी हद तक सत्य भी है) मुझे स्मरण है कि आज से तिरेपन वर्ष पूर्व २९ जून, १९५० को जब 'नवभारत टाइम्स' का प्रवेशांक का प्रकाशन हुआ तब पत्र के मुख्य पृष्ठ पर डॉ. के. कदम का एक व्यंग्य चित्र छापा था, जिसमें बापू के कदम को कदम ने सत्य के बढ़ते कदम के रूप में चित्रांकित किया था।

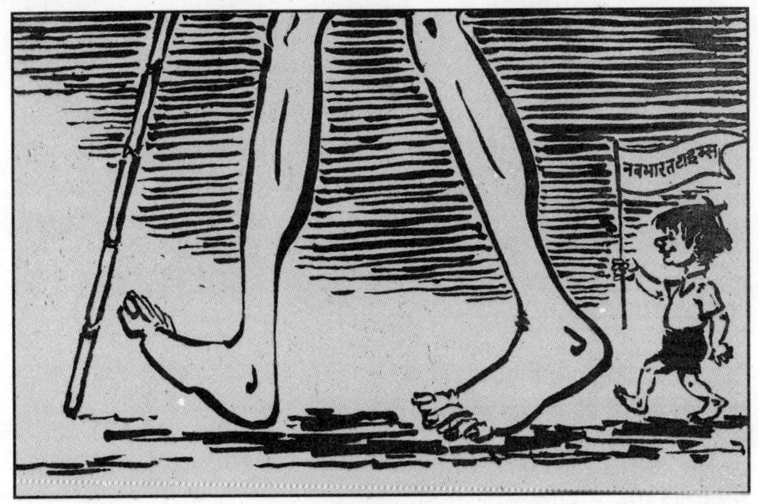

चित्र-१०

इसी अखबार के मुखपृष्ठ पर एक और व्यंग्य चित्र छपा था, जिसमें भी गांधी को रेखांकित किया गया था।

चित्र-११

गांधीजी की सादगी ने व्यंग्य चित्रकारों को सर्वाधिक प्रभावित किया। चंद रेखाओं में किसी के व्यक्तित्व एवं हाव-भाव को प्रदर्शित करना इतना आसान नहीं है, पर व्यंग्य चित्रकारों ने सतत अभ्यास के बल पर ऐसा कर दिखाया। एक बानगी—

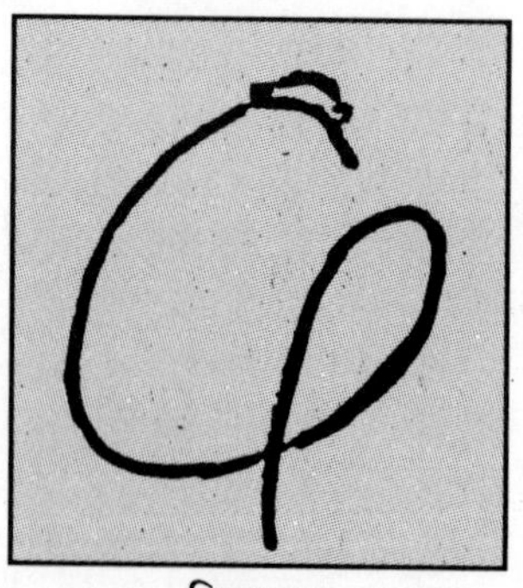

चित्र-१२

जैसा कि पूर्व में हमने बताया कि आजादी के बाद भारत की दुर्दशा, वर्तमान व्यवस्था में प्राप्त भ्रष्टाचार, स्मगलिंग, हड़ताल जैसी गतिविधियों को देखकर गांधीजी का हृदय व्यथित हो उठा—यह सब देखकर गांधीजी कह उठे—क्या इन्हीं सबके लिए मैं जिया-मरा? अक्तूबर १९७४ के अंक में 'शंकर्स वीकली' के मुखपृष्ठ पर प्रकाशित यह व्यंग्य चित्र।

चित्र-१३

चित्र-१४

स्वर्ग में बैठे-बैठे भारत की वर्तमान दशा को निहार रहे होंगे, तो क्या सोच रहे होंगे वे। जिस देश में शांति के लिए उन्होंने अपना सर्वस्व त्याग दिया, आज वहीं परमाणु बम, मिसाइलें, आतंकवाद की प्रच्छया फैली हुई है। डॉ. सतीश के इस व्यंग्य चित्र में इसका स्पष्ट मूल्यांकन हुआ है।

चित्र-१५

ऐसी दुर्दशा देखकर बापू के मुख से हे राम! हे राम! तो उच्चारित होता ही था।

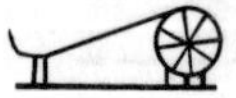

चित्र–१६

एस.वी. मूर्ति ने भी कुछ ऐसा ही मनोभाव चित्रित किया।

चित्र–१७

अजीत नैनन ने भी गांधी को वर्तमान स्थिति से दुःखी बतलाया।

चित्र-१८

इन सबके पीछे कानून और न्याय को जिम्मेदार ठहराया गया है। कानून और न्याय की अवहेलना देख बापू ने शर्म से अपनी गरदन झुका ली। उदयन का यह चित्र बड़े सुंदर ढंग से न्याय प्रणाली पर सटीक, किंतु तीखा प्रहार करता है।

चित्र-१९

इसी कारण गांधीवादी के मायने बदलते चले गए। आर.के. लक्ष्मण की नजर।

२ अक्तूबर, २००० को उन्नी ने गांधी के प्रति नेता के माध्यम से अपनी भावाभिव्यक्ति दी।

चित्र-२०

सुरेश सावंत ने भारत छोड़ो मिशन को वर्तमान संदर्भ में उसका मूल्यांकन करते बसपा द्वारा बापू को ही इंगित करते हुए यह बात कही।

चित्र-२१

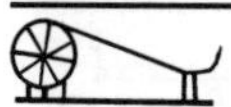

शनैः-शनैः लोग गांधी को भूलते जा रहे हैं। आम आदमी की छोड़िए, नेतागण तक को याद नहीं रहता कि २ अक्तूबर को गांधीजी की जन्मतिथि है। पांडुरंग राव ने इस प्रवृत्ति पर करारा व्यंग्य किया।

चित्र-२२

चित्र-२३

बापू का हे राम...आज किस-किस राम को संदर्भित कर रहा है—यह बता रहे हैं सुरेश सावंतजी।

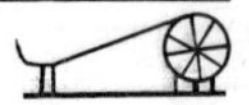

सत्य और अहिंसा के पुजारी पर लहरी की दृष्टि।

चित्र-२४

अंततः गांधी को अपना प्रतिमा स्थल छोड़कर भागना पड़ गया। रंजीत के.के. डे का यह व्यंग्य चित्र, जिसे हिंदुस्तान टाइम्स प्रतियोगिता में पुरस्कार मिला।

चित्र-२५

जिस गांधी ने पूरे देश को सुरक्षा प्रदान की थी आज उसे सुरक्षा की आवश्यकता पड़ रही है। प्रसिद्ध कार्टूनिस्ट काक का नजरिया।

चित्र-२६

गांधीजी की आड़ में नेताओं की मनमानी, स्वार्थपरकता किस धड़ल्ले से चल रही है—इसे बताया कुट्टी ने।

चित्र-२७

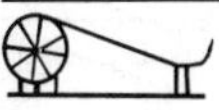

एक गांधी स्टाइल राबेल की तरफ से भी।

चित्र–२८

गांधी के कदमों पर आज कोई भी नहीं चलना चाह रहा। नेता तो एकदम छिटक जाते हैं। गांधीजी नेता से कहते—आओ मेरे साथ चलो! तो आज का नेता हड़बड़ा जाता। कहता—कौन मैं ? (कब्बी नहीं…) कुछ ऐसी ही भावाभिव्यक्ति अबु के इस व्यंग्य चित्र में दिखी है।

चित्र–२९

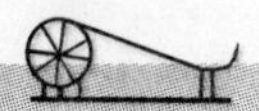

गांधी के पद-चिह्नों पर कितने लोग चलना चाहते हैं या चल रहे हैं ? इसका विश्लेषण कर रहे हैं।

चित्र-३०

इन सारी गतिविधियों को प्रत्यक्ष देखकर या अखबारों में पढ़कर गांधीजी क्या सोचते होंगे ? इसकी परिकल्पना लक्ष्मण के व्यंग्य में उभरकर आई है।

चित्र-३१

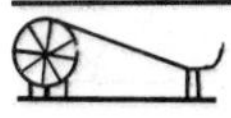

बापू अब सिवाय टप-टप आँसू बहाने के और क्या कर सकते हैं! विख्यात कार्टूनिस्ट बाल ठाकरे का यह चित्रांकन।

चित्र-३२

हांडा ने भी करीब-करीब कुछ ऐसा ही चित्रण किया। देश की दुर्दशा को दिवंगत नेता, सांसद और गांधीजी यह देखकर भौंचक्के रह गए हैं।

चित्र-३३

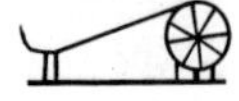

बापू ने जिस स्वराज की परिकल्पना की थी, वह सब ध्वस्त हो गई।

चित्र–३४

आर.के. लक्ष्मण का यह व्यंग्य चित्र।

चित्र–३५

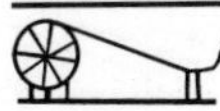

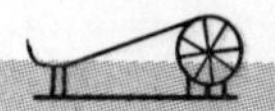

आर.के. लक्ष्मण की कुछ और कृतियाँ (चित्र ३६ से ३९)।

चित्र–३६

चित्र–३७

चित्र-३८

चित्र-३९

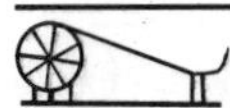

मंजुनाथ ने गांधी की सादगी, सच्चाई तथा अहिंसा, जिसके बल पर वे चले, को चित्रित करने का प्रयास किया है।

चित्र-४०

दक्षिण भारतीय व्यंग्य चित्रकारों की चंद बानगी—

चित्र-४१

चित्र-४२

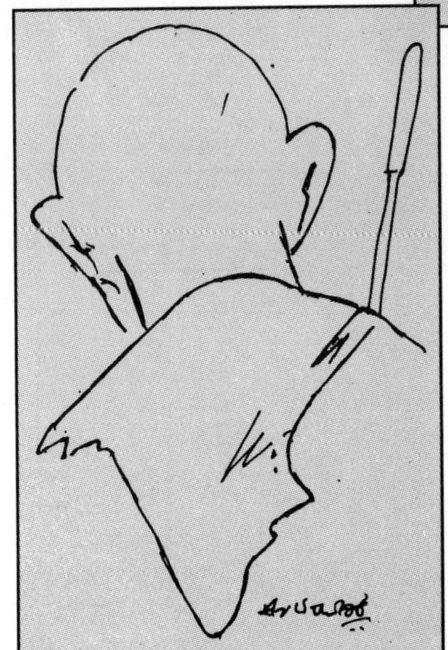

चित्र-४३

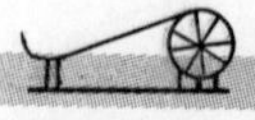

चित्र-४४

३

चरखा

चरखा

गांधीजी खादी और चरखे को देश की आर्थिक रचना एवं विकास के लिए बड़ा महत्त्वपूर्ण मानते रहे। उन दिनों (१९२०) ग्रामवासियों को इससे उत्तम गृह उद्योग उन्हें कोई और दूसरा नजर नहीं आया। बेजवाड़ा कांग्रेस कमेटी में जो त्रिसूची बनाई गई थी, उसे कांग्रेस कमेटी ने भी स्वीकारा।

एक बार गुरुदेव रवींद्रनाथ ठाकुर ने खादी-चरखे पर गहरी आपत्ति जताई थी, जिसके प्रत्युत्तर में गांधी ने कहा—"चरखा हमारे लिए कामधेनु है…आप एक धार्मिक विधि समझकर चरखा कातें।"

जिस भाँति गांधीजी अपनी मान्यता के स्वराज्य के साथ चरखे का अमिट संबंध मानते थे, ठीक उसी भाँति भारतीय व्यंग्य चित्रकार गांधी और चरखे को एक-दूसरे का पर्याय माननें लगे थे। इन व्यंग्य चित्रकारों ने गांधीजी और उनके चरखे को विविध रूप में प्रस्तुत किया। सुविख्यात व्यंग्य चित्रकार रंगा (जिनका निधन २८ जुलाई, २००२ में हो गया, जो सतहत्तर वर्ष के थे) का एक चर्चित व्यंग्य चित्र यहाँ द्रष्टव्य है—

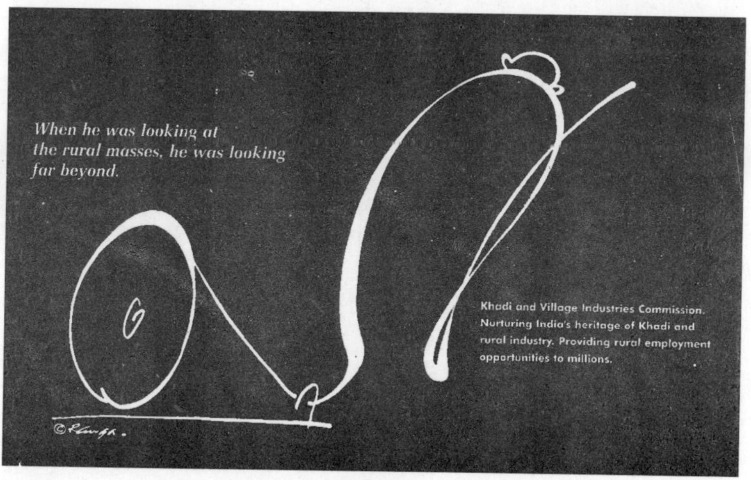

चित्र-१

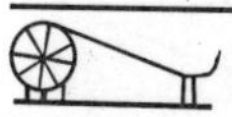

इसी तारतम्य में उन्नी का यह चित्र[1]

चित्र-२

१. बापू कथा : पृष्ठ ३५—हरिभाऊ उपाध्याय सर्व सेवा संघ, वाराणसी।

भारतीय राष्ट्रीय कांग्रेस के सौ वर्ष पूरा करने की खुशी में एक ओर जहाँ हिंदुस्तानी बड़े-बड़े उत्सव मना रहे थे, वहीं दूसरी ओर एक कोने में पड़े-पड़े बापू खामोशी ओढ़े चरखा चला रहे थे। रविशंकर ने इस स्थिति को बड़ी मार्मिकता के साथ प्रस्तुत किया।

चित्र-३

अब तो बापू और चरखे की यादें ही शेष रह गई हैं। इस चित्र से यही स्पष्ट होता है।

चित्र-४

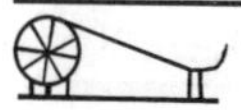

वर्तमान संदर्भ में चरखे की स्थिति का खुलासा देवेंद्र के इस चित्र में।

चित्र-५

लहरी की व्यंग्य तूलिका से गांधी का चरखा।

चित्र-६

सत्या की दृष्टि गांधी चरखे पर कुछ इस प्रकार से पड़ रही है।

चित्र-७

चरखे को अब लोग नए-नए स्वरूप में पेश कर रहे हैं, उसकी एक बानगी।

चित्र-८

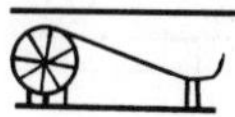

जिस तरह से व्यंग्य चित्रकार चरखे को बहुविध रूप में प्रस्तुत करने की चेष्टा करते हैं, उसी तरह से गांधीजी ने भी चरखे पर अनेक प्रयोग किए। हाथ से चलने की बजाय पाँव से चलनेवाला चरखा बनाया। इसमें दो हाथों से की बजाय दो तार निकालने की व्यवस्था थी। इस किस्म का यह एकमात्र चरखा था। इसकी सुरक्षा के लिए पेटी चक्र तैयार हुआ। फिर आया

चित्र-९

सिंपलीसिमस सन् १९३० में प्रकाशित व्यंग्य चित्र।

चित्र-१०

गांधी विविधा

चित्र-११

सुदर्शन, दक्षिण भारत में एक कारीगर ने छह तकुओं का एक चरखा बनाया, जिसका नाम रखा गया—अंबर। प्रारंभ में यह लकड़ी से बना, फिर बाद में लोहे से बनाया गया, यदि इस चरखे का व्यवहारीकरण हो जाता तो उन दिनों कपड़ा उद्योग में क्रांति आ जाती, पर ऐसा हो नहीं पाया। गांधीजी ने 'गीता' में वर्णित एवं प्रवर्तित चक्रम का जीवन-पर्यंत अनुसरण किया।

गांधीजी ने अपनी खादी यात्रा के दौरान चरखे का खूब प्रचार किया। चवन्नी की जगह कांग्रेस की सदस्यता में उन्होंने २००० गज का सूत, अपने हाथ से कातकर दिया। बाद में इसे नियम बना दिया गया।

चरखे की महत्ता प्रतिपादित करते हुए गांधीजी लिखते हैं—ज्यों-ज्यों मैं इस देश में घूमता हूँ, त्यों-त्यों चरखे की शक्ति में मेरी श्रद्धा बढ़ती चली जाती है। वे अकसर कहा करते थे—समाजवाद का विकल्प है चरखा।

चरखा मानव के गौरव और समानता का शुद्ध चिह्न है।

वह खेती का सहायक धंधा है तथा राष्ट्र का बायाँ फेफड़ा है।

अब तो इस चरखे का अर्थ ही बदल गया। चरखा अब चर-खा के

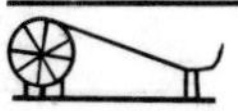

रूप में जाना जाने लगा।

चित्र-१२

चित्र-१३

४
महात्मा गांधी मार्ग

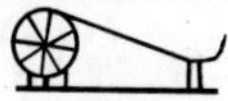

महात्मा गांधी मार्ग

देश के प्रत्येक राज्य में, प्रत्येक जिले-शहर में आपको महात्मा गांधी मार्ग यानी एम.जी. रोड मिल ही जाएगा। यद्यपि इसके पीछे महात्मा गांधी के प्रति सम्मान व्यक्त करना ही था, तथापि कतिपय विद्रूपताएँ जो इस नामधारी सड़क से जुड़ीं, वह खेदजनक निरूपित हो गया। विख्यात व्यंग्य चित्रकार आर.के. लक्ष्मण का यह व्यंग्य चित्र।

चित्र-१

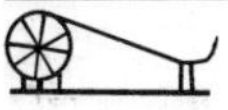

इस्माइल लहरी की दृष्टि में महात्मा गांधी मार्ग।

चित्र-२

गांधी मार्ग पर चलने का अर्थ इतना सहज नहीं है कि सड़क का नाम रख दिया महात्मा गांधी मार्ग और बस चल पड़े···गांधी मार्ग पर चलने का आशय उनके बताए गए आदर्शों पर चलना होता है। गोरावर याड्डपा का यह व्यंग्य चित्र।

चित्र-३

गांधी मार्ग पर चलनेवालों पर कटाक्ष की एक और बानगी—

चित्र-४

५
गांधी चलचित्र

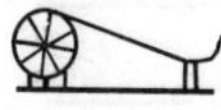

गांधी चलचित्र

गांधी के व्यक्तित्व एवं कृतित्व पर रचनाधर्मियों ने खूब काम किया। उन पर बनी फिल्म की प्रतिक्रिया व्यंग्य चित्रकारों के बीच में खूब चर्चित हुई। आइए देखें ऐसी ही कुछ बानगियाँ।

प्रशांत कुलकर्णी का यह व्यंग्य चित्र।

चित्र-१

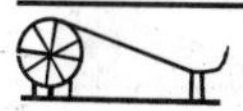

त्रिशूल का निम्न व्यंग्य चित्र भी द्रष्टव्य है—

चित्र–२

प्रशांत कुलकर्णी का एक और व्यंग्य चित्र।

"GANDHI" CINEMA : A Reaction

गाँधी फिल्म सुपर हिट..

चियर्स

Super hit!

Super Profits

प्रशांत कुलकर्णी

"CHEERS... FOR GANDHI'S SUCCESS!"

चित्र–३

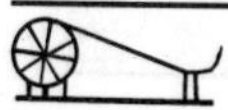

आर.के. लक्ष्मण का पैनापन पूर्वानुसार इस चित्र में भी—

चित्र–४

६
गांधी
एक रेखाचित्रीय दृष्टि

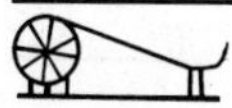

गांधी : एक रेखाचित्रीय दृष्टि

गांधी के व्यक्तित्व में एक चुंबकीय आकर्षण था। दुबला-पतला शरीर, घुटनों तक खादी धोती, आँखों में चश्मा, कमर में घड़ी, पैरों में अहिंसक चमड़े से निर्मित चप्पल, हाथ में लाठी। बस कुल मिलाकर इतना ही है गांधी का व्यक्तित्व। जिसने देश-विदेश के कलाकारों, चित्रकारों, मूर्तिकारों, व्यंग्यकारों को रिझा दिया।

कार्टियर ब्रेसन ने गांधी के हजारों चित्र बनाए, तो डेविड-लो ने गांधी का खूब व्यंग्य चित्रांकन किया। बेंद्रे ने भी गांधी के रेखाचित्र हजारों की संख्या में बनाए, जो उनकी पुस्तक 'द स्टोरी ऑफ हिज लाइफ' में संकलित हुई। के.एम. अदीमूलम ने गांधी का अनेक सुंदर रेखांकन किया। सन् १९४९ के आस-पास गर ट्रेडमेरे ने भी गांधी पर पर्याप्त रेखाचित्र बनाए। नंदलाल बोस व संतराज ने गांधी की अच्छी-अच्छी पेंटिंग्स बनाई तो धनपाल राय चौधरी, नेल्सन आदि मूर्तिकारों ने गांधी के विविध मुद्राओं को साकार किया। इस कृति में हम केवल व्यंग्य चित्रों को ही ले रहे हैं। वर्तमान राजनीतिज्ञों की दृष्टि में गांधी।

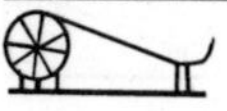

चित्र-१

चित्र-२

चित्र-३

चित्र-४

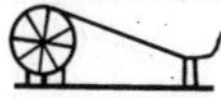

चित्र-५

चित्र-६

चित्र-७

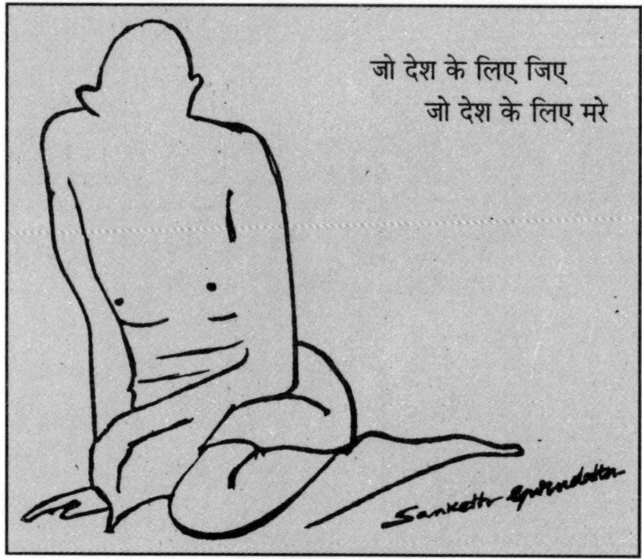

चित्र-८

चित्र-९

चित्र-१०

चित्र-११

चित्र-१२

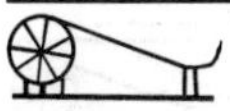

चित्र-१३

चित्र-१४

चित्र-१५

चित्र-१६

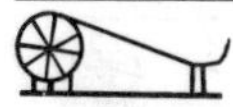

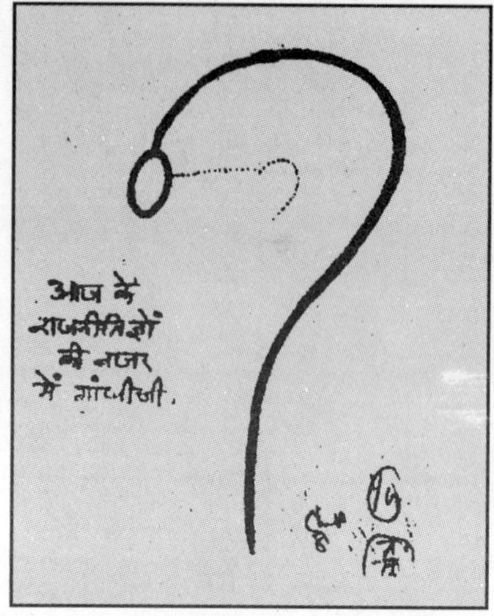

चित्र-१७

चित्र-१८

चित्र-१९

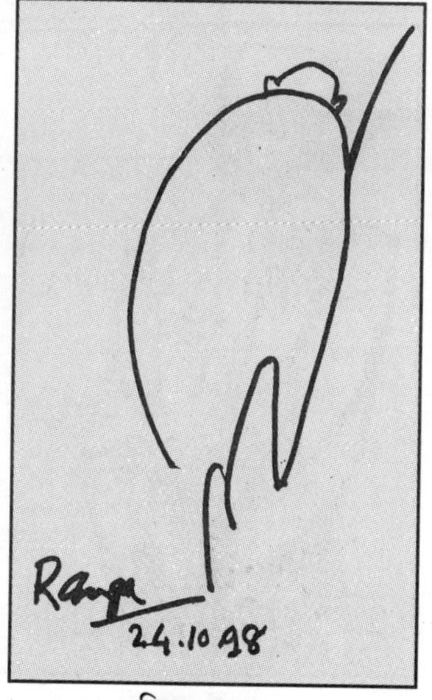

चित्र-२०

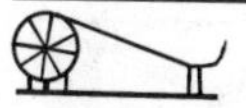

चित्र-२१

चित्र-२२

चित्र-२३

चित्र-२४

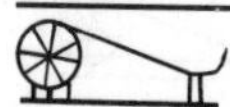

चित्र-२५

चित्र-२६

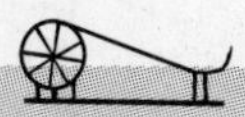

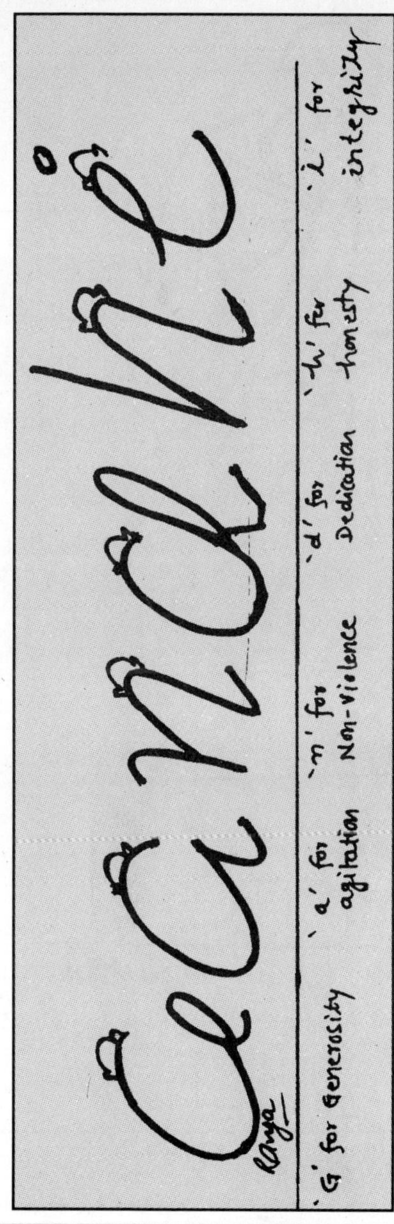
Ranga
'G' for Generosity
'a' for agitation
'n' for Non-Violence
'd' for Dedication
'h' for honesty
'i' for integrity

चित्र-२७

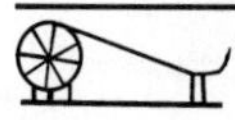

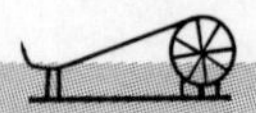

BAPUJI
12.4.1930

चित्र-२८

चित्र-२९

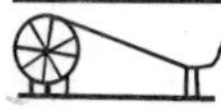

चित्र-३०

चित्र-३१

चित्र-३२

चित्र-३३

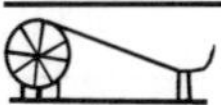

चित्र-३४

चित्र-३५

चित्र-३६

चित्र-३७

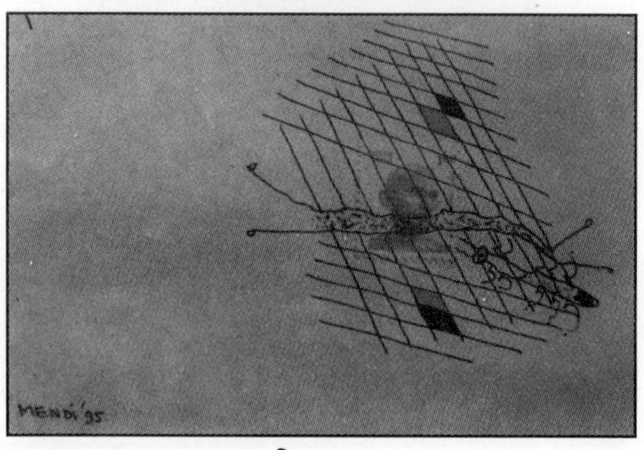

चित्र-३८

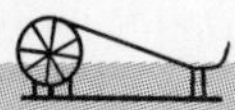

चित्र-३९

चित्र-४०

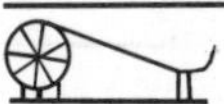

७

गांधी
प्रतिमा की कराहती वेदना

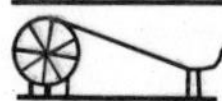

गांधी : प्रतिमा की कराहती वेदना

देश-विदेश के हजारों महत्त्वपूर्ण स्थलों, स्मारकों, संग्रहालयों एवं अन्यान्य शासकीय अर्ध-शासकीय, निजी भवनों में बापू की प्रतिमा स्थापित हुई है। ऐसा उनके प्रति आदरांजलि स्वरूप किया गया है; किंतु स्वतंत्रता-प्राप्ति के पश्चात् जितना अपमान हमने गांधी प्रतिमा के साथ किया उतना शायद अन्य किसी राजनेता की मूर्ति के साथ नहीं। यद्यपि इस तरह का अपमान संविधान निर्माता, दलितों के मसीहा बाबा साहब अंबेडकर की मूर्ति के साथ भी होता रहा। फिलहाल तो हम गांधी की प्रतिमा से जुड़ी कराहती वेदना की ही कथा कहेंगे। इसी तारतम्य में मैं प्रो. दिनेश ठाकुर के एक लेख को वर्णित करना चाहूँगा।

खंडित प्रतिमा की वेदना और आस्था का पुनर्स्थापन

महात्मा गांधी की एक सौ तैंतीसवीं जयंती के अवसर पर गांधी प्रतिमा से संबंधित दो समाचारों ने संवेदनशील पाठकों और राष्ट्रवादी चिंतकों के मन को झकझोरकर रख दिया। प्रकाशित समाचार के अनुसार हिंदी के जाने-माने कवि एवं साहित्यकार माणिक वर्मा की संस्कार समृद्ध नगरी हरदा (मध्य प्रदेश) के घंटाघर चौक पर स्थित गांधी प्रतिमा से गांधीजी का चश्मा किसी ने निकाल लिया। यह भी लिखा है कि मध्य प्रदेश के राजस्व मंत्री रघुवीर सिंह ने गांधी के इस स्वत्व हरण पर सख्त नाराजगी और अफसोस जाहिर किया है। दूसरे समाचार के अनुसार मेरठ कॉलेज में स्थापित राष्ट्रपिता गांधी की प्रतिमा को आंदोलनकारियों ने २ अक्तूबर को अल सुबह क्षत-विक्षत कर कुरूप या विकृत कर दिया। मेरठ के वरिष्ठ पुलिस अधीक्षक के अनुसार आंदोलनकारी तत्त्वों ने एक सोची-समझी साजिश के तहत प्रतिमा को क्षतिग्रस्त किया। मेरठ के सहायक जिला मजिस्ट्रेट के अनुसार कॉलेज के प्राचार्य ने पुलिस में प्राथमिकी दर्ज कराई और यह भी संकल्प लिया गया कि क्षतिग्रस्त प्रतिमा के स्थापन पर राष्ट्रपिता की नवीन कांस्य प्रतिमा स्थापित की जाएगी। इन समाचारों के पार्श्व में ही कुछ अंतर से एक सचित्र समाचार

प्रकाशित है, जिसमें राष्ट्रपति ए.पी.जे. अब्दुल कलाम कृतज्ञ राष्ट्र की ओर से राष्ट्रपिता को श्रद्धांजलि अर्पित कर रहे हैं। माननीय प्रधानमंत्री, उपराष्ट्रपति एवं कांग्रेसाध्यक्ष श्रीमती सोनिया गांधी द्वारा बापू की समाधि पर श्रद्धा-सुमन अर्पित किए जाने की खबर भी प्रकाशित की गई है। केंद्रीय पुलिस बल ने गांधीजी के प्रति अपनी श्रद्धा के प्रतीकात्मक अभिव्यक्ति के रूप में समाधि परिसर में वृक्षारोपण भी किया। परस्पर विरोधी प्रकृति की दो घटनाओं से आस्था, अनास्था और आक्रोश की विपरीत-गामी विचारधारा का परिचय तो मिलता ही है, यह भी पता चलता है कि दुर्विनीत असहिष्णुता के चलते हम अपनी प्रजातांत्रिक दृष्टि और सुसंस्कृत मूल्य-बोध को तिलांजलि दे रहे हैं। गांधी प्रतिमा के विरूपण के साथ ही चश्मा छीनकर दृष्टि अपवंचन जैसा प्रतिशोध तब लिया जा रहा है, जब संपूर्ण देश राष्ट्रीय अंधत्व निवारण एवं दृष्टिहीनता नियंत्रण के दस दिवसीय महत्त्वाकांक्षी महाभियान में लगा है। इसका समापन १० अक्तूबर को विश्व दृष्टि दिवस के दिन होना है। छवि विद्रूपण अथवा गांधी प्रतिमा के चश्मा निकाल लेने, शरीर और गति को सहारा देनेवाली लाठी से वंचित कर देने की यह घटना कोई नई नहीं है, गांधीजी के जीवनकाल में भी ऐसी घटनाएँ हुई थीं, किंतु गांधीजी ने न कभी किसी को अपमानित किया, नगण्य या तुच्छ ही समझा, व्यक्ति के भीतर छिपी अच्छाई, उसकी निसर्ग सिद्ध नेकनीयती और अंतरात्मा की पवित्रता एवं गरिमा में गांधीजी की अडिग आस्था थी। इस आस्था और विश्वास के परिणाम भी चमत्कारिक होते थे। गांधीजी के संपर्क में आनेवाला व्यक्ति खुद को उठाने और गांधी की दृष्टि में अपने को उस विश्वास के काबिल बनाने का सत्प्रयास करता था। उसके मूल्य-बोध में एक आत्मिक शुचिता आती थी। आँखें तो उसकी अपनी पत्नी होती, किंतु ज्योति और दृष्टि गांधी की देन होती थी। प्रसिद्ध अमेरिकी पत्रकार लुई फिशर ने गांधीजी के कायाकल्पकारी पारस स्पर्श का मूल्यांकन करते हुए लिखा है, 'यह गांधी का ही चमत्कार था कि भारत के स्वतंत्रता-संग्राम को उन्होंने मूल्यों का युद्ध बनाकर एक पवित्र अनुष्ठान की गरिमा दी। संस्कारित नैतिक दृष्टि दी,

जीवन अर्थवत्ता दी। इस संघर्ष का लक्ष्य मात्र स्वतंत्रता या राजनीतिक सत्ता हासिल करना ही नहीं रह गया। यह नजरिया या दृष्टिकोण गांधी युग की सबसे कीमती उपलब्धि है।'

आज इसे सबसे बड़ी विडंबना ही कहा जाएगा कि जिस गांधी ने संपूर्ण विश्व को नई दृष्टि दी, उसकी प्रतिमा को ही चश्मे से वंचित कर दृष्टि छीनने का असफल किंतु कुत्सित प्रयास किया जा रहा है। वह भी तब जब सारा भारत राष्ट्रीय दृष्टि विहीनता नियंत्रण एवं अंधत्व निवारण के महाभियान में लगा हुआ है। गांधीजी को आवश्यक वस्तुओं के अपहरण या शब्दांतर में कहें तो स्वत्व हरण की घटनाएँ उनके जीवनकाल में भी घटीं। एक बार यात्रा में पटना से दिल्ली आते समय गांधीजी की चिरसंगिनी जेब घड़ी, जिसे वे अकसर कमर में एक पतली चेन के सहारे लटकाए रहते थे, गायब हो गई। गांधीजी बहुत दुःखी हो गए। उनकी धारणा थी कि अपने अनुयायियों के नैतिक उन्नयन, विकास या व्यक्तित्व, संस्कार के निमित्त वे उतना प्रयास नहीं कर सके जितना वांछनीय था। इसी परिताप के कारण उन्होंने प्रायश्चित्त स्वरूप दो दिनों के उपवास की घोषणा कर दी।

बापू ने जब घड़ी को यथास्थान रखे पाया तो एक अवर्णनीय प्रसन्नता की आभा से उनका चेहरा खिल उठा। घड़ी की धड़कन से ही बापू ने अपहरणकर्ता के मौन परिताप और पश्चात्ताप के सूक्ष्मतम स्पंदनों को सुन और पढ़ लिया। बच्चों जैसी भोली उत्फुल्लता से बापू ने रात में ही सरदार पटेल और नेहरू को फोन करके घड़ी के फिर से मिलने की सूचना दे दी। लॉर्ड माउंट बेटन को भी इस अपूर्व पुनर्उपलब्धि से अवगत कराया। सरदार पटेल आश्चर्यचकित थे कि वह कोई बहुत बड़ी अनहोनी बात तो नहीं थी, किंतु लॉर्ड माउंट बेटन का फौजी प्रशासन हृदय भी समझ गया कि गांधी की वेदना इंगरसोल कंपनी द्वारा निर्मित तेरह शिलिंग मूल्यवाली उस घड़ी के लिए नहीं थी और न उस भूमिका के लिए ही थी, जो वह घड़ी गांधीजी के दैनंदिन जीवन में निभा रही थी। गांधीजी का हृदय तो उस आस्था और विश्वास के लिए रो रहा था जो मनुष्य के अंतःकरण की पवित्रता और

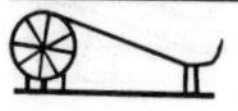

बुनियादी अच्छाई में था और जिसका एक टुकड़ा घड़ी के रूप में वह चोर ले गया था। गांधीजी को लगा कि उनका पैराडाइज (स्वर्ग) खो गया, किंतु पश्चात्ताप के अंतदहि में सुलझे अपहरणकर्ता व्यक्ति द्वारा घड़ी को फिर से उसी जगह रख देना मानो पैराडाइज रिगेंड था। मनुष्य में आस्था, विश्वास के स्वर्ग की पुन:प्राप्ति, पुनर्स्थापना। काश गांधी प्रतिमा को चोट पहुँचानेवाले और गांधी की आँखों से चश्मा चुरानेवाले समझ पाते कि अपनी पवित्र विचारधारा से हिंदुस्तान को ही नहीं बल्कि संपूर्ण विश्व की आँखों को धोकर जिस पवित्र निर्मल दृष्टि का प्रत्यारोपण गांधी ने कर दिया है, वह दृष्टि भले ही इने-गिने लोगों में है, कैसे धूमिल और मंद होगी। आँखें भगवान् सभी को देते हैं और उनसे देखने का काम सभी लेते हैं, किंतु दृष्टि का वरदान तो किसी बिरले को ही मिलता है, और रही खुद देखते हुए दिखा सकने की सामर्थ्य की बात तो वह किसी संजय की वरदानी आँखों को ही मिलती है, जो अंधे धृतराष्ट्र को न जाने क्या-क्या दिखा गई। गांधी की प्रतिमा ने ही नहीं, बल्कि खुद गांधी ने अपने जिस्म और आत्मा पर अनेक जख्म सहे। उन्होंने अपने भग्न स्वप्नों की अकथनीय वेदना भी भोगी, किंतु प्रत्येक चोट के बाद, जख्म के हर निशान के साथ यह महामानव निखरता और सँवरता गया।

विख्यात अमेरिकी पत्रकार एवं बापू के जीवनीकार लुई फिशर ने लिखा है कि गांधी की देन में सबसे बहुमूल्य है वह जीवन-दृष्टि या नजरिया, जिससे देखने-परखने का नया अंदाज या ढंग विकसित हुआ। अंधापन शारीरिक या चाक्षुष न होकर अंतर्दृष्टि का भी हो सकता है, जो नैतिक, सांस्कृतिक अंधत्व को लाइलाज बना सकता है। गांधी जयंती एवं विश्व दृष्टि दिवस १० अक्तूबर के सांस्कृतिक संदर्भ में विशेष लेख।

बापू की खंडित प्रतिमा की वेदना तथा इनकी प्रतिमा से संबद्ध अन्यान्य प्रिय-अप्रिय घटनाओं, वातावरणों को व्यक्त करती व्यंग्य चित्रकारों

I am not hiding here, I am living here !
indeed. Gandhi Promise !
मैं यहाँ छिपा नहीं हूँ···यहीं
रहता हूँ···गांधीजी की
कसम···
GANDHI
GOPULA KRISHNA

चित्र-१

!?
KONG GANDI
DAL RESA.
BJP GANDI
GM HEGDE

चित्र-२

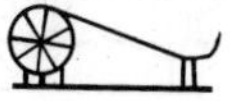

चित्र-३

चित्र-४

चित्र-५

चित्र-६

चित्र-७

गांधीजी यहाँ है सर, यहाँ!

चित्र-८

बापू के पथ पर चलकर
हमने तरक्की तो की है, कटोरा लेकर
घूमने की जगह उन्हें पूँजी निवेश
करने के लिए कहा.है।

चित्र-९

चित्र-१०

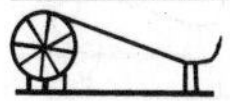

चित्र-११

चित्र-१२

HE RAM! HE RAM! ..
हे राम!
हे राम
हे राम
हे राम

चित्र-१३

The JMM court decision
should've come today—
in honour of the Mahatma
who inspired Rao's
generation to go to jail.

चित्र-१४

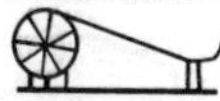

ये हमारी जाति के नेता हैं।
PAL KRISHNA

चित्र-१५

DREAM & FACT
स्वप्न और सत्य
RAMA RAJYA
RAVANA RAJYA !!
रावण राज्य
राम राज्य
NEERNALLI GANAPATI

चित्र-१६

चित्र-१७

चित्र-१८

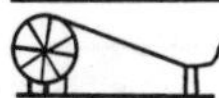

आप इधर कैसे ? न तो
आज ३० जनवरी
है और न ही
२ अक्तूबर।
RAJIV GANDHI ZINDABAD
RAJIV ON 12-HOUR FAST AT RAJGHAT

चित्र-१९

वह चला गया है.
[HE'S GONE!]
MAHATMA
24 OCT 98

चित्र-२०

८

गांधी वर्तमान परिप्रेक्ष्य में

गांधी : वर्तमान परिप्रेक्ष्य में

वर्तमान परिप्रेक्ष्य में गांधीजी की आड़ लेकर वर्तमान नेता किस प्रकार से अपना उल्लू सीधा करने में लगे हैं। गांधीवादी विचारधारा की दिशा कहाँ से कहाँ मुड़ गई। गांधी-नीतियों का अब क्या हश्र होने लगा है। इस पर हमारे देश के व्यंग्य चित्रकारों ने बहुत सुंदर-सुंदर टिप्पणियाँ अपने व्यंग्य चित्रों के माध्यम से की हैं। ये व्यंग्य चित्र न केवल गांधीवादिता को वर्तमान संदर्भ में मूल्यांकित करने में सक्षम हैं, अपितु मौजूदा राजनीति में व्याप्त भ्रष्टाचार, अनैतिकता, अराजकता को भी स्पष्ट करते हैं। इन व्यंग्य चित्रों में आज के मौजूदा हालातों का बेवाक चित्रण देखने को मिलता है। आइए, देखें ऐसे ही कुछ व्यंग्य चित्र।

चित्र-१

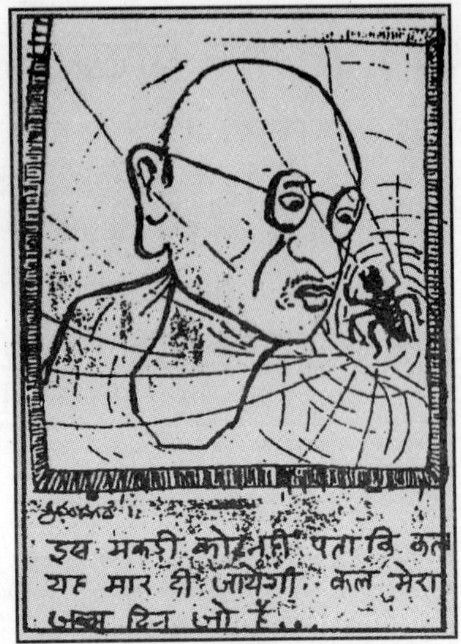
इस मकड़ी को नहीं पता कि कल
यह मार दी जायेगी.. कल मेरा
दिन जो है...

चित्र-२

तुमने मुझे पहचाना नहीं.. मैं तुम्हारा
दादाजी हूँ.., जो आज तक गाँधी जी का
फैशन...

चित्र-३

रिश्वत खोरी जारी है...
500
-BRIBE-

चित्र-४

SEASON FOR REINCARNATIONS
BUT WE NEED A FULL TIME MAHATMA GANDHI!
50TH ANNIVERSARY OF MAHATMA GANDHI'S MARTYRDOM
FAST TO PROMOTE AMITY AMONG DIFFEREN FAITHS

चित्र-५

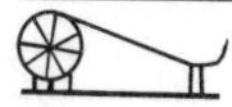

चित्र-६

चित्र-७

चित्र-८

चित्र-९

2
OCT
TRIVIKRAMA-BELGAR

चित्र-१०

मैं गांधीजी की नीतियों से बहुत ज्यादा प्रभावित हूँ और मैं उन्हें राजनीति में अपना आदर्श मानता हूँ!

चित्र-११

चित्र-१२

चित्र-१३

चित्र-१४

चित्र-१५

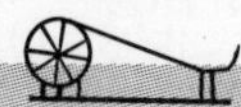

चित्र-१६

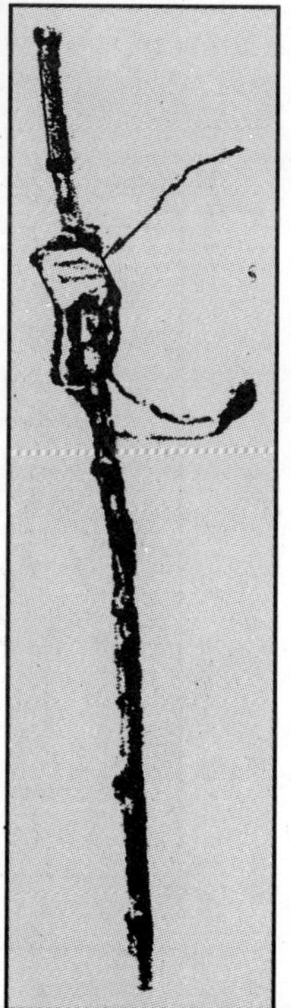

चित्र-१७

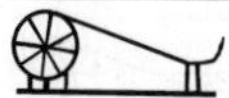

चित्र-१८

आज मेरा जन्म दिवस है।

चित्र-१९

चित्र-२०

चित्र-२१

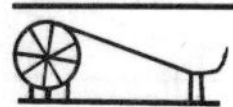

"OH...! SHANTI!"
PEACE
PEACE
DR/SATISH H.S.-75

चित्र–२२

जन्म दिन की शुभकामनाएँ बापू! आज आपने आने में देर कर दी··· ?
भारत! इन लोगों ने आज कोई भी ऐसा सच्चाई का रास्ता नहीं छोड़ा जिस पर मैं चलकर आ सकूँ।

चित्र–२३

चित्र-२४

I am much attracted by policies of Gandhiji &
so I took him as my model in politics !
मैं गांधीजी की नीतियों से बहुत ज्यादा प्रभावित हूँ और
मैं उन्हें राजनीति में अपना आदर्श मानता हूँ।

चित्र-२५

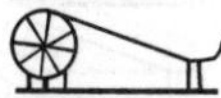

HE HAS GONE MISSING, SIR!
GANDHI
MODI
TEMPLE ATTACK
RIOTS
Subhani

चित्र-२६

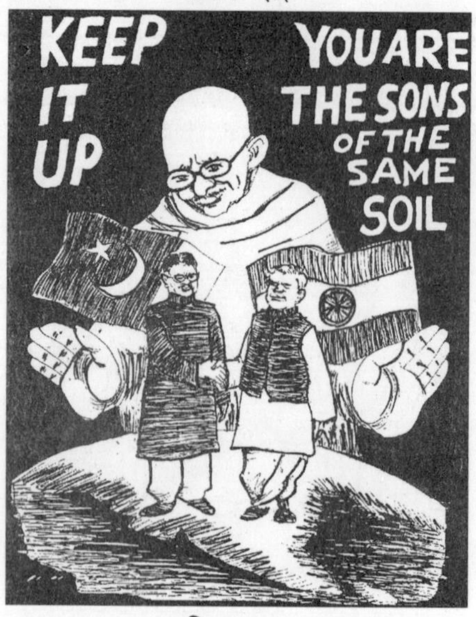
KEEP IT UP
YOU ARE THE SONS OF THE SAME SOIL

चित्र-२७

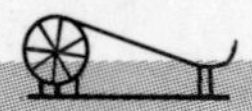

Please remove my photograph from Indian Currency..
BLACK MONEY
CORRUPTION
कृपया ! आप मेरी तस्वीर हमारे भारतीय रुपयों से निकाल दें

चित्र-२८

हाय! जब वे मुझे 'फादर आफ दि नेशन' कहते हैं, तब उनका आशय लिटरेली अर्थों से नहीं
CLINTON
RAGHAV K L
2nd OCT '98

चित्र-२९

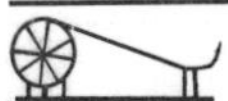

चित्र-३०

चित्र-३१

चित्र-३२

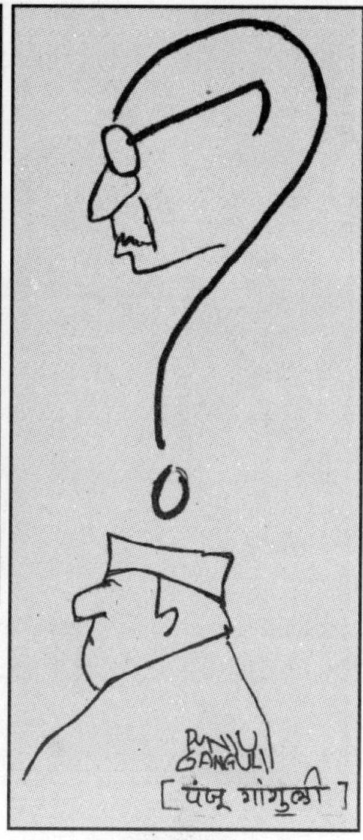

चित्र-३३

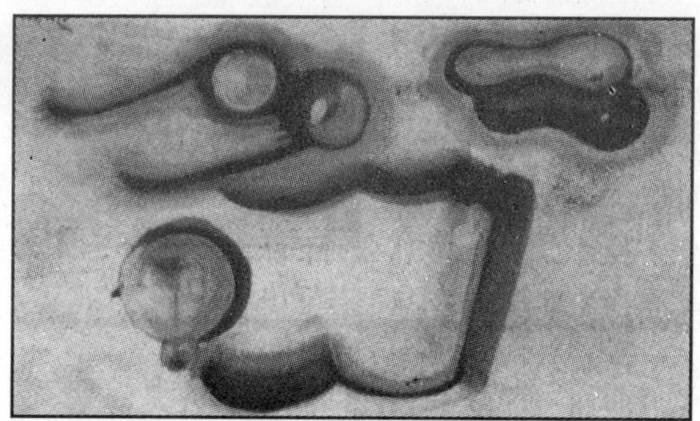

चित्र-३४

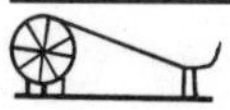

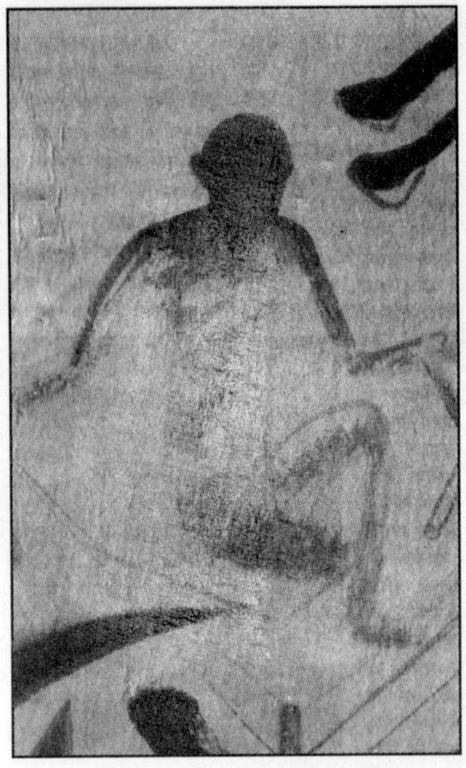

चित्र–३५

चित्र–३६

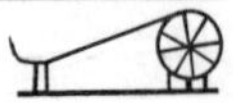

१

गांधी
डाक टिकटों में

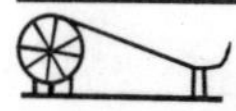

गांधी : डाक टिकटों में

महात्मा गांधी के ऊपर देश-विदेश में अनेक डाक टिकट, नोट, सिक्के आदि का प्रकाशन एवं ढलाई हुई है। संग्रहकर्ताओं ने बापू से संबंधित अनेक डाक टिकटों, नोटों एवं सिक्कों का संकलन किया है। बंगलौर के डॉ. वी.एस. याल्विगी विगत पच्चीस वर्षों से गांधीजी से संबंधित विभिन्न डाक टिकटें, सिक्के आदि का संग्रह करते आ रहे हैं। उन्होंने इन सामग्रियों की प्रदर्शनियाँ भी लगाई हैं। उनके पास दांडी मार्च, नमक सत्याग्रह, भारत छोड़ो आंदोलन पर प्रकाशित डाक टिकट भी हैं जो अब दुर्लभ हैं। उन्होंने देश-विदेश में प्रकाशित गांधी डाक टिकटों का एक संकलन भी प्रकाशित करवाया है, जिसमें भारत, ब्रिटेन, यूनाइटेड स्टेट, रूस, ऑस्ट्रेलिया एवं दक्षिण अफ्रीका आदि देशों के डाक टिकट संकलित हैं।

स्वतंत्रता के पचास वर्ष पूरे होने के उपलक्ष्य में गांधी पर अनेक सिक्के भी जारी हुए और नोट भी। दो, पाँच, दस एवं सौ रुपए के नोट में गांधीजी मुद्रित हुए। दस रुपए के चाँदी के सिक्के में एक रुपए एवं पचास पैसे के सिक्कों में भी गांधी की छवि अंकित हुई।

डॉ. याल्विगी ने गांधीजी द्वारा संपादित पत्र-पत्रिकाओं का भी अच्छा खासा संकलन कर रखा है। 'हरिजन' (अंग्रेजी), 'नव जीवन' (गुजराती), 'हरिजन सेवक' (हिंदी) तथा 'हरिजन' (उर्दू) उनके संग्रहों की उपलब्धियाँ स्वरूप हैं।*

लखनऊ की स्वाति गुप्ता ने भी गांधी केंद्रित डाक टिकटों का अच्छा संकलन बनाया है। यहाँ पर गांधी डाक टिकटों की प्रतिकृतियाँ प्रस्तुत हैं।

* फ्री प्रेस १४ अक्तूबर, १९८८ में प्रकाशित एक लेख के आधार पर।

चित्र-१

चित्र-२

चित्र-३

भारतीय डाक टिकट पर कार्टूनिस्ट (स्व.) रंगा का यह गांधी कार्टून।

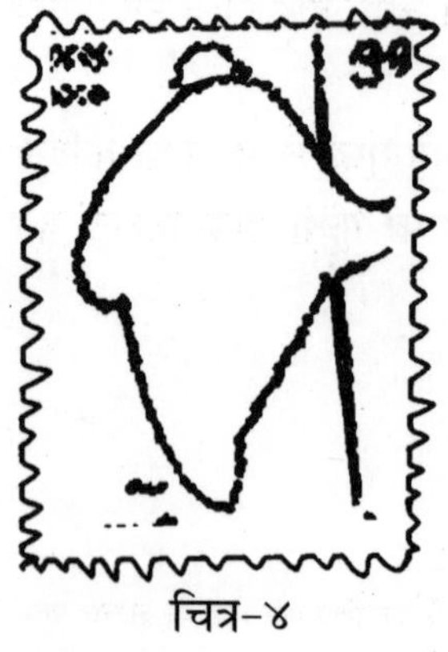

चित्र-४

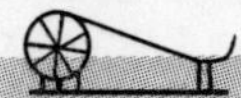

१०
गांधीजी की छाया में

गांधीजी की छाया में

गांधीजी के व्यक्तित्व की छाप कतिपय छाया चित्रों के माध्यम से।

चित्र-१

चित्र-२

चित्र-३

चित्र-४

चित्र-५

चित्र-६

११
गांधी, रंगा और···

गांधी, रंगा और…

जिस प्रकार से केशव शंकर पिल्लै नेहरूजी के ऊपर रेखांकन करने के लिए जाने गए, उसी प्रकार से रंगा गांधीजी के व्यंग्य चित्रांकन के लिए स्मरणीय रहेंगे। यद्यपि रंगा ने राजनीतिक, सामाजिक संदर्भों को लेकर भी व्यंग्याकंन किया, किंतु गांधी को इतनी सादगी एवं संक्षिप्तता के साथ प्रस्तुत करने के लिए ही वे विशेष रूप से जाने गए या यों कहें कि कार्टून कला के क्षेत्र में वे 'गांधी कार्टून विशेषज्ञ' के रूप में जाने जाते हैं। गांधी कार्टून केंद्रित इस पुस्तक में इस कार्टूनिस्ट पर स्वतंत्र अध्याय लिखना बेहद जरूरी था। आइए, देखें गांधी कार्टून कला के इस कुशल चितेरे के बारे में…

चित्र-१

रंगा की प्रारंभिक शिक्षा-दीक्षा बनारस एवं इलाहाबाद में हुई। कार्टूनिंग की शुरुआत उन्होंने 'शंकर्स वीकली' से की। बाद में वे 'दि स्टेटमेन', 'दि सेंटीनेल', 'द ट्रिब्यून' के लिए भी कार्टून बनाने लगे थे। रंगा ने राजनीतिक, सामाजिक कार्टूनों के अलावा देश-विदेश की अनेक महत्त्वपूर्ण हस्तियों के रेखाचित्र बनाए, जिनमें गांधी के अतिरिक्त अटलजी के रेखाचित्र को उन्होंने बड़ी तन्मयता के साथ उकेरा। सन् १९७५-७६ में उनकी कार्टून कला में जबरदस्त मोड़ तब आया जब उन्होंने 'द स्टेटमेन' के लिए दो लकीरोंवाला गांधी का रेखाचित्र (स्केच) बनाया। बाद में उनका यह कार्टून उनका ट्रेड मार्क जैसा बन गया। भारतीय गणतंत्र की पचासवीं वर्षगाँठ पर भारत सरकार

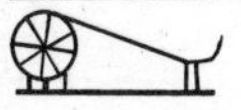

ने उनके गांधी कार्टून पर एक डाक टिकट सन् २००० में निकाला, जिसकी कीमत थी तीन रुपए।

चित्र-२

इसी अवसर पर दिल्ली स्थित इंडिया इंटरनेशनल सेंटर आर्ट गैलरी में उनकी एकल प्रदर्शनी भी लगाई गई, जिसमें उनके द्वारा तैयार किए गए गांधी-कार्टून को प्रदर्शित किया गया था। पूर्व केंद्रीय मंत्री डॉ. कर्णसिंह ने इस प्रदर्शनी का उद्घाटन करते हुए कहा था—

"रंगा ने अपनी कलम की चंद रेखाओं में गांधी के मूल तत्त्व को बाँध लिया है।" रंगा ने गांधी के ३५ कथनों को अपने विषय-वस्तु के रूप में चुना और एकमेव स्केच बना डाले। गांधी पर ५० रेखाचित्र बनाने में उन्हें तीन माह लगे।

इस प्रदर्शनी में उन्होंने अपनी ४० कृतियों को सँजोकर रखा था। रंगा ने गांधी के सूत्र सत्य, अहिंसा, देश-प्रेम, कर्तव्य एवं ईमानदारी को लेकर जो रेखाचित्र बनाए वे सर्वप्रिय हुए। रंगा ने गांधी (GANDHI) को लेकर एक एनाग्राम भी बनाया था।

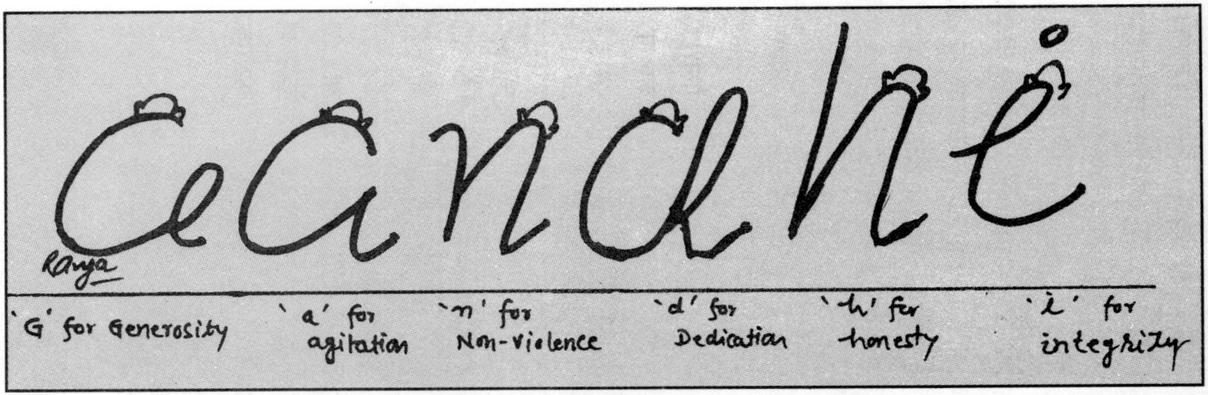

Ranga

'G' for Generosity 'a' for agitation 'n' for Non-violence 'd' for Dedication 'h' for honesty 'i' for integrity

चित्र-३

G : Genorasity अर्थात् उदारता
A : Agitation आंदोलन
N : Non violence अहिंसा
D : Dedication समर्पण
H : Honesty ईमानदारी
I : Integraty सत्यनिष्ठा

गांधीजी की सादगीपूर्ण जीवन-शैली को जितने संक्षिप्त एवं सादगी के साथ रंगा ने प्रस्तुत किया, विश्व में ऐसा कहीं और उदाहरण नहीं मिलता। रंगा की एकल रेखाओं से किसी हस्ती के व्यक्तित्व को रेखांकित करने की कला जापानी शैली से मिलती-जुलती है, जिसे रंगा ने स्वयं स्वीकार किया था। रंगा ने अपने कार्टून काले-सफेद तक सीमित रखे। रंगों का प्रयोग उन्होंने कभी नहीं किया। उनके गांधी-कार्टून की एक विशिष्टता यह भी रही कि सारी-की-सारी रेखाकृतियाँ गांधी को पृष्ठ भाग से ही दरशाती हैं, जो इस बात की तरफ संकेत करती हैं कि गांधी ने वर्तमान संदर्भों से पीठ फेर ली है।

देश के इस अद्‌भुत कार्टूनिस्ट का २९ जुलाई, २००२ को देहावसान हो गया।

उनके गांधीय कुछ रेखाचित्र—

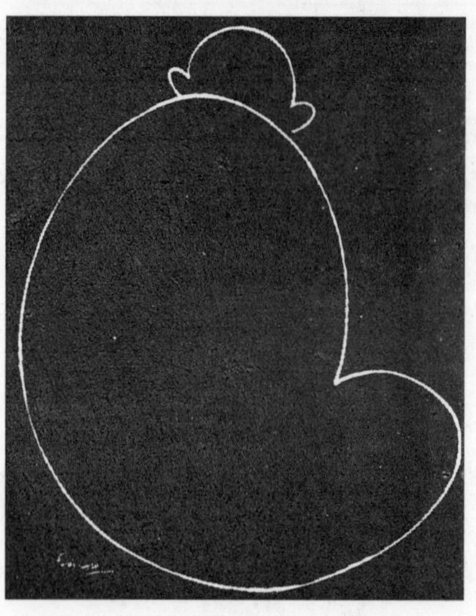

चित्र-४

चित्र-५

चित्र-६

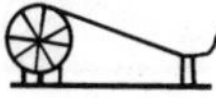

चित्र-७

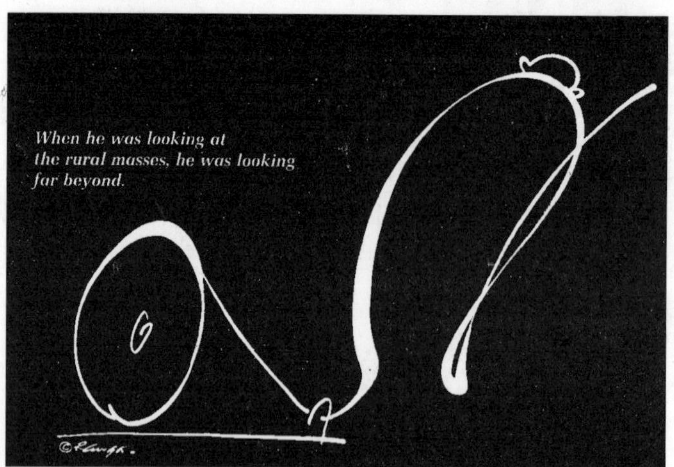
When he was looking at
the rural masses, he was looking
far beyond.

चित्र-८

१२
परिशिष्ट

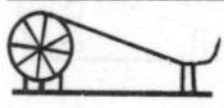

परिशिष्ट

हमारे सम्माननीय व्यंग्य चित्रकार

१. ए. विल (पृष्ठ १३, १५, १६, १७, १८, १९, २०, २१, २३)
२. डब्ल्यू.एल. (पृष्ठ २४, २५)
३. तोपोलस्की (पृष्ठ २६)
४. आदी मूलम (पृष्ठ २४, ३०, ३१, १०४)
५. रवींद्रनाथ टैगोर (पृष्ठ १०४, १०५)
६. नंद लाल बोस (पृष्ठ १००, १०२)
७. एम.एफ. हुसैन (पृष्ठ १०३, १०६)
८. केशव शंकर पिल्लै (पृष्ठ ३५, ४०, ४१, ४२)
९. अबु अब्राहम (पृष्ठ ३६, ५५, १३२)
१०. रंगा (पृष्ठ ४४, ६५, ९७, १०१, १५०)
११. आर.के. लक्ष्मण (पृष्ठ ४८, ५५, ५७, ५८, ५९, ७५, ८४, ८८, १०७)
१२. कदम (पृष्ठ ४३, ४४)
१३. बाल ठाकरे (पृष्ठ ५६)
१४. काक (पृष्ठ ५३)
१५. रवि शंकर (पृष्ठ ५५, ६७)
१६. सुरेश सावंत (पृष्ठ ४९, ५०, ८९)
१७. कुट्टी (पृष्ठ ३८, ५३, १३२)
१८. वर्मा (पृष्ठ ३७)
१९. अहमद (पृष्ठ ३९)
२०. बसु (पृष्ठ १३७)
२१. उन्नी (पृष्ठ ४९, ६६, १२३)
२२. एस.वी. मूर्ति (पृष्ठ ४७)
२३. गोरावर याड्डपा (पृष्ठ ७७, ९१, १२०)
२४. गुरुदत्त (पृष्ठ ९१, १३६)

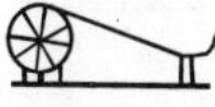

२५. जी.आर. उदयन (पृष्ठ ४८)
२६. एच.बी. मंजुनाथ (पृष्ठ ६०)
२७. पंजु गांगुली (पृष्ठ १४५)
२८. माया कामथ (पृष्ठ १४४)
२९. केशव (पृष्ठ ६२)
३०. पोनाप्पा (पृष्ठ १२६)
३१. राबेल (पृष्ठ ५४)
३२. पाहु (पृष्ठ ६०)
३३. जेयूटो (पृष्ठ ६१)
३४. प्रभाकर वारेकर (पृष्ठ १३५)
३५. प्रकाश शेट्टी (पृष्ठ १३१)
३६. जी. मिजास (पृष्ठ १४४)
३७. भाल (पृष्ठ २९)
३८. दिराकरा (पृष्ठ ४६)
३९. राघव के.के. (पृष्ठ १४३)
४०. येसूदासन (पृष्ठ ७१)
४१. रंजीत (पृष्ठ ५२)
४२. निरनली गनपति (पृष्ठ १२४)
४३. प्रशांत कुलकर्णी (पृष्ठ ८१, ८३)
४४. बी. हरि (पृष्ठ ९२)
४५. बलराज के.एन. (पृष्ठ ९५)
४६. एस. श्री निवासलु (पृष्ठ ९३, ९७)
४७. जी.एम. बोमाली (पृष्ठ ६९, ९६, १२५, १३३)
४८. गोपाल कृष्णा (पृष्ठ ११७, ११९, १२०, १२४)
४९. जी.एम. हेगड़े (पृष्ठ ११७)
५०. लहरी (पृष्ठ ५१, ६८, ७६, ११९, १२२, १२३)
५१. एम.के. सीरी (पृष्ठ ९२, १३५)

टिपणी : कार्टूनिस्टों के नाम के बाद प्रयुक्त कोष्ठक में पृष्ठ संख्या, जहाँ उनके कार्टून प्रकाशित हैं, दरशाती है।

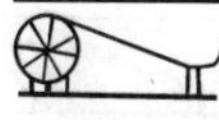

संदर्भ

१. संपूर्ण गांधी वाङ्मय, खंड ७, ८, ९ व ११।
२. नवभारत टाइम्स प्रवेशांक १९५०।
३. धर्मयुग, अगस्त १९९३।
४. कार्टून वाच, फरवरी १९९६ एवं अक्तूबर २००२।
५. दि हिंदू, सितंबर २००१।
६. इंडियन कार्टून्स, सं. अबु अब्राहम।
७. फ्री प्रेस जनरल।
८. इंडियन एक्सप्रेस।
९. दि वीक (१९९९)।
१०. संडे टाइम्स (१९०८)।
११. रैंडी मेल।
१२. गांधी विविधा।
१३. शंकर्स वीकली।
१४. सिम्पली सिम्स १९३०।
१५. हिंदुस्तान टाइम्स।
१६. गांधी विविधा।
१७. सहारा टाइम्स।